नीलाभ

सतह से व्योम तक

प्रीति झा

notionpress.com
INDIA · SINGAPORE · MALAYSIA

ISBN 979-8-90451-863-9

समर्पण

उस “नीलकमल” को,
जो सम्पूर्ण था।

उस रात को,
जब किसी ने कहा था –
"ये किताब छपनी चाहिए।"

उन विश्वासों को,
जिन्होंने 'नीलाभ' को सम्पूर्ण किया।

अनुक्रम

ब्रह्मांड की नीली आभा पर 91 नीलमणियाँ

सात भाव, सात पड़ाव

अभिस्वीकृति *11*
भूमिका *13*
'नीलाभ' *15*

खंड 1: पहली किलकारी

1. बचपन की महक 19
2. स्पंदन 21
3. स्कूल का पहला दिन 22
4. उड़ना चाहूँ 24
5. परिचय 27
6. चिड़िया का भाई 29
7. आत्मजा 31
8. दृढ़ता 33
9. कर्मपटल 35
10. आसमानी तितलियाँ 37
11. माँ-मातृभूमि 39
12. प्राण-प्रिय 41

खंड 2: धुएँ के हस्ताक्षर

13. जीतने का प्रण 45
14. असमंजस 47
15. प्राण-पिपासा 49
16. तेरे भाग्य में कुछ और है! 51
17. चेतन मस्तिष्क 53
18. आत्मशक्ति 55
19. रेशम का कीड़ा 57
20. खुदकुशी न कर! 59
21. मौन का औचित्य 61
22. धिक्कार है! 64
23. घर से दूर! 66
24. प्रेरणाओं से आगे 67
25. मेरी कहानी 71
26. संक्षेप में कैसे कहूँ? 72

खंड 3: लाल कुसुम

27. अनुभूति 75
28. भ्रम 77
29. याचक 78
30. हाल-ए-दिल 79
31. अभिव्यक्ति 80
32. युगल चाय 82
33. दीवाना हूँ 84

34. मुमकिन नहीं है 85
35. प्रेम का प्रतिदान 87
36. एक लड़की 89
37. वो प्रेम, जो मुझे तुम से है 91
38. हम-तुम 93
39. यादों के विविध स्तर 94
40. वसुधा की प्यास 96
41. गुमनाम आँधियाँ 98
42. जज़्बाती मसले 100
43. तीखे बोल 102
44. प्यार की उम्र 104
45. फौजी का प्रेम पत्र 106

खंड 4: दीप की लौ

46. चेतना का दीप 109
47. गणपति (भजन) 110
48. डमरुओं वाले! (भजन) 112
49. माँ! बागेश्वरी 114
50. मेरे आराध्य! 115
51. एक सत्य रघुराई 117
52. यमुना के तट 119
53. नववर्ष 121
54. फुलझड़ियाँ 123
55. खुशियाँ 125
56. योगमाया की चेतावनी! 127

57. जमूरे का नाच 129
58. फागुन 131

खंड 5: नीला मौन

59. विलंब 135
60. अंतहीन का अंत! 137
61. आघात 138
62. वियोगी का श्राप 139
63. भरपूर वर्षा 141
64. उसने कहा था! 142
65. नियति 143
66. दंड की भागी 145
67. साँझ हो गई है 147
68. सर्वदा के लिए 149
69. पतझड़ 151
70. आह! 153
71. हिसाब 154
72. रोष 155
73. कत्थई पर्ण 156

खंड 6: आईने का सच

74. आम इंसान 159
75. मृग-तृष्णा 162
76. परिधि 164

77. आत्म-साधना 165
78. अभावग्रस्त 166
79. ब्रह्म मेरा! 167
80. विचार 168
81. एकाकीपन 169
82. मन दर्पण 170

खंड 7: अंकुर का वादा

83. गन्तव्य तक! 175
84. संभावना 177
85. परिवर्तन 178
86. विदाई 180
87. समर 182
88. अमिट प्यास 184
89. संपूर्ण या पर्याप्त 186
90. एक मूल 187
91. स्वप्न देखते चलो 188

श्रद्धांजलि 191
लेखक का परिचय 193

अभिस्वीकृति

सर्वप्रथम महादेव,
जिनकी कृपा से शब्द मिले, साहस मिला।

तत्पश्चात पिता, श्री सुमंत झा,
जिन्होंने पहली कविता पर भी शाबाशी दी,
और पति, कर्नल प्रवीण झा,
जो हर कदम पर दृढ़ संकल्प लिए प्रीति के साथ खड़े रहे।

इन तीन स्तम्भों की छाँव में 'नीलाभ' ने आकार लिया है।

भूमिका

सतह से व्योम तक सब नीलवर्ण है। एक विस्तृत कैनवास की तरह! संवेदनाएं इस नीले कैनवास पर फैले प्राकृतिक भावों के विविध रंग हैं।

'नीलाभ' इसी नीली आभा से जन्मी वह कृति है जिसमें संवेदनाएँ प्रकृति बनकर प्राण फूँकती हैं।

यह यात्रा मासूमियत की गुलाबी किलकारी से शुरू होकर निरंतरता के अंकुर तक जाती है। बीच में संघर्ष की आँच है, आस्था का दीप है, प्रेम का लाल कुसुम है, पीड़ा का निःशब्द मौन है, और आत्मस्वीकृति का ठहराव है।

'नीलाभ' सात भावों, सात पड़ावों में रचा जीवन की संपूर्ण यात्रा है।

यहाँ खुशी हँसती है, भक्ति जलती है, मौन बोलता है और प्रेरणा चलती रहती है।

ये शब्द तब जन्मे जब भाव शब्दों से बड़े हो गए। अब ये आपके हैं।

प्रीति झा
(कवयित्री)

'नीलाभ'

नीलकमल,
नीला आकाश,
नील सरोवर,
नीलमणि।
नील कमलकर,
नीलकंठ,
नीलवर्णिका पुष्करिणी।
नील सिंधु है,
नील व्योम।
नील स्वप्न है,
नील सोम।
कष्ट नील है।
चोट नील।
संघर्ष नील है।
टीस नील।
धवल! मराल है,
मेघ धवल।
योग धवल है,
मोक्ष धवल।

धवल-रंगिनी ब्रम्हकमल।

रक्त! लाल है।

क्रोध लाल।

लाल सुहाग,

कपाल लाल।

नीलवर्ण ब्रह्मांड में,

प्रेम कुसुम का

रंग लाल।

खंड 1: पहली किलकारी

भाव: मासूमियत | रंग: गुलाबी | 12 नीलमणियाँ

कोमल प्रारंभ की बारह धड़कनें

बचपन की महक

मिल रही है मुझको ठंडक, अब भी तेरी याद से;
याद के साये में तेरे, अब भी मैं आबाद हूँ।
ऐ मेरे बचपन सलोने!
क्या मैं तुझको याद हूँ?

आम, लीची, कटहलों के, मौसमों का वो ज़माना,
गाछीयों में की मचानों, पर ही होता था ठिकाना।
पेड़ पर चढ़ कर वो पंचम, सुर में फ़िल्मी गीत गाना।
तोड़ लेना कच्ची अंबियाँ और नमक के संग खाना।

दोस्तों रण-बाँकुरों संग, भागना तितली के पीछे;
और फतंगी को पकड़ कर, बाँध कर धागा उड़ाना।
गिल्ली-डंडा, कंचे, गिट्टी, खेल थे "लट्ठ-झारियाँ"।
खेत-खलिहानों में, बछड़ों, बकरियों संग यारियाँ।

ताल-पोखर, सर-सरोवर में निडर सी डुबकियाँ।
थाल-कीचड़, बारिशों के पानीयों में मस्तियाँ।
नाप लेना पूरा गाँव, नन्हें नंगे पाँव से।
कैसे भूलूँ वो लगावट, पीपलों की, बरगदों की छाँव से?

और कितनी अनगिनत सी बातों से ही शाद हूँ।
ऐ मेरे बचपन सलोने!
क्या मैं तुझको याद हूँ?

दादा-दादी, काका-काकी, टोले भर में फैले थे।
सारे रिश्ते पास के थे, दूर के कोई न थे।
बेझिझक था, सबका सबके ही घरों में, आना-जाना।
खो गया जानें कहाँ वो, बिन-मिलावट का ज़माना?

खींच कर ले आया यौवन,
खुदगरज़ियों की छाँव में।
वो महक बचपन मेरे की,
रह गयी उस गाँव में।

तू हुआ आज़ाद मुझसे, कितने ज़माने हो गए।
मैं नहीं यादों से तेरी, अब तलक आज़ाद हूँ।
ऐ मेरे बचपन सलोने!
क्या मैं तुझको याद हूँ?

स्पंदन

माँ! प्रसव की पीड़ा लिए,
संघर्ष में है।
इस पार या उस पार!
शिशु, जल कच्छप के संसार में,
गोते खाता हुआ,
विस्तार की क्रीड़ा लिए।
खींच रहा है माँ का संघर्ष,
संतति के सतह पर शिशु को।
संघर्ष उधर भी है,
इस पार या उस पार!
अंतर यही कि जननि जानती है;
कि ये संघर्ष है।
शिशु संघर्षरत है,
पर अनभिज्ञ!

स्कूल का पहला दिन

कर्म-पथ पे पहला पग, तेरा मैं बढ़ा रही;
मैं पथ प्रशस्त कर रही हूँ तेरा मेरी लाडली।

क्यूँ रो रही है आसमाँ ज़मीन पर उतारती,
कहाँ गई है मेरी 'माँ'!! यहाँ-वहाँ पुकारती।

उठ रहे, उदर में डर की गुदगुदी से लड़ झगड़;
लिपट गई है आ के मुझसे, कस रही पकड़-जकड़।

रक्त लाल आँख से अश्रु धार निर्झरी,
प्रतप्त सौम्य गाल पर न रुक रही ठहर रही।

काँपते अधर के संग हिचकियों में लिप्त स्वर,
एक करुण वंदना स-श्रृंखला दोहरा रही।

न छोड़ कर तू जा मुझे, यहाँ पे सब हैं अजनबी।
मैं पथ प्रशस्त कर रही हूँ तेरा मेरी लाडली।

यूँ खींच कर पृथक किया नन्हें से उस प्राण को,
जैसे उर से खींच कर धड़कनें निकाल दी।

मन को सख्त कर के मैं, मन ही मन पुकारती।
न देख कर तू रो मुझे, हृदय मेरा विदारती।

जिनके हाथ सौंप आज तुझको, मैं हूँ जा रही,
भविष्य के वही तेरे, अब बनेंगे सारथी।

आज यदि तुझको मैं यहाँ से ले के जाऊँगी,
भविष्य में तुझे यूँही रोता हुआ पाऊँगी।

बस कुछ घड़ी की बात है सब सहज सा पाएगी,
तू थोड़ी देर धीर धर, मैं तुझको लेने आऊँगी।

उड़ना चाहूँ

कोयल का सुनकर मधुर स्वर,
मैं भी कलरव करना चाहूँ।
बनकर एक स्वच्छंद पवन,
उन्मुक्त मेघ संग उड़ना चाहूँ।

लाख मलय की ऊँची चोटी,
नहीं कामना मेरी छोटी।
शिखर-वासिनी के चरणों में,
नतमस्तक मैं करना चाहूँ।

बनकर एक स्वच्छंद पवन,
उन्मुक्त मेघ संग उड़ना चाहूँ।

पँख मेरे परवाज़ भरे हैं,
अभी आँधियाँ रुक जाने दो।
नील गगन में सेंध लगा कर,
चाँद का हाथ पकड़ना चाहूँ।

बनकर एक स्वच्छंद पवन,
उन्मुक्त मेघ संग उड़ना चाहूँ।

सभी हौसले परख रहे हो,
पतवारों की मँझधारों में।
मँझधारों की गोद बैठकर,
तूफ़ानों संग लड़ना चाहूँ।

बनकर एक स्वच्छंद पवन,
उन्मुक्त मेघ संग उड़ना चाहूँ।

आज अभी है समय तुम्हारा,
मुझपर हँसने वालो सुन लो।
अभी तुम्हारी हँसी ख़ुशी के,
बीच नहीं मैं पड़ना चाहूँ।

बनकर एक स्वच्छंद पवन,
उन्मुक्त मेघ संग उड़ना चाहूँ।

जिस दिन अँधियारे इस पथ पर,
प्रथम सूर्य की किरण पड़ेगी।
उसी सूर्य की पहली लाली,
इन आँखों में भरना चाहूँ।

बनकर एक स्वच्छंद पवन,
उन्मुक्त मेघ संग उड़ना चाहूँ।

परिचय

फूल हूँ, तो सजाए रखना।
ख़ुशबू हूँ, तो बिखरने दो मुझे।

कौन हूँ मैं तुम्हारी?
कुछ भी तो नहीं!
फिर भी हूँ दिल में,
तो धड़कनें दो मुझे।

एक दूर की आवाज़ हूँ;
धीमी सी किन्तु,
परस्पर हूँ मैं।
बे-गरज़ इश्क़ हूँ,
दिल के बहुत करीब,
आँखों से परे।

पास बैठो, तो सुनाई दूँगी।
तुमको अपनी सी दिखाई दूँगी।
एक भीना एहसास हूँ,
तो भड़कने दो मुझे।

मेरा नाम भूल जाने को नहीं है।
भूल जाए, तो किस कदर हूँ मैं?

एक रिश्ता हूँ, जो निभाने से परे;
आज़माने से सर-बसर हूँ मैं।
कौन हूँ मैं तुम्हारी?
कुछ भी तो नहीं।

*(*प्रीति का परिचय)*

चिड़िया का भाई

एक सुकोमल, कोमल चिड़िया,
नन्हे परों को नाप रही है।
सकुचाती बैठी टहनी पर,
दूर गगन को ताक रही है।

बहुत कठिन है नभ में उड़ना।
वायु वेग और भय से लड़ना।
अगर उड़ी, तो गिर जाएगी।
कैसे घर वापस आएगी?

"*ना! मुझसे ना हो पाएगा ये,*"
एक निराशा बाँध के बैठी।
नीड़ में छुपने गई सिमट के,
अपनी आशा बाँध के बैठी।

पर एक चँचल पर वाले ने,
डाँट-प्रीति से सुर वाले ने,
उसे धकेला, खींच के लाया।
खग होने का भास दिलाया।

और उसे ले उड़ा गगन में,
छोड़ दिया नभ के आँगन में,
बोला उड़! कि मैं भी उड़ूँगा।
अगर गिरी तो, मैं पकड़ूँगा।

वायु वेग से लड़ना होगा।
पँख फैला कर उड़ना होगा।
जा के क्षितिज को छू आएगी।
कोशिश कर! तू उड़ पाएगी।

नहीं विकट है, संभव है ये,
जिसने अलख जगाई है।
वो और नहीं कोई दुनिया में,
उस चिड़िया का भाई है।

आत्मजा

पहले-पहल निर्भीकता!
सीखी उन्हीं से वीरता,
वो ज्ञान के एक स्तंभ हैं।
साहस के जो प्रतिबिंब हैं।

जो जीतने की आस दें,
संपूर्णता का भास दें,
पहले-पहल आदर्श वो!
पहली खुशी का स्पर्श वो।

जिसने सिखाई धीरता,
पहले पहल निर्भीकता।
मेरे गुरु, मेरे पिता,
मैं आपकी हूँ आत्मजा।

अद्भुत से उस साम्राज्य की,
अद्भुत सी मैं, एक सुन्दरी!
सारे जगत के वो भूपति,
शैलेंद्र की मैं शैलजा।

मेरे गुरू, मेरे पिता
मैं आपकी हूँ आत्मजा।

आराध्य से है आराधना।
उनसे यही है प्रार्थना।
जब तक रहूँ आशीष लूँ।
सानिध्य से वँचित न हूँ।

वो अप्रतीम! वो अद्‌वितीय!
उनके लिए मैं अद्‌विता।
मेरे गुरु, मेरे पिता,
मैं आपकी हूँ आत्मजा।

दृढ़ता

कदम न भटके राहों से,
तू चलना ऐसे दृढ़ बनकर।

चाहे कितने तूफ़ान घेरे,
बिजली की शमशीर गिरे,
जो कदम उठे, मँज़िल के लिए,
उन्हें चैन मिले उस तक जा कर।
कदम न भटके राहों से,
तू चलना ऐसे दृढ़ बनकर।

हो जाएँ घोर अँधेरे भी,
लुट जाएँ तेरे सवेरे भी,
जो ठान लिया हो मन में तो,
ऐ पथिक! न रुकना घबराकर।
कदम न भटके राहों से,
तू चलना ऐसे दृढ़ बनकर।

माना अभी कोहरा गहरा है,
सूरज का निकलना बाकी है।
उस एक किरण के आने तक,
तू धैर्य न खोना उकता कर।
कदम न भटके राहों से,
तू चलना ऐसे दृढ़ बनकर।

कर्मपटल

कर्मपटल पर लेख विधाता,
लिख देना कुछ ऐसी।
कर्म अगन में तप-तप निखरूँ,
चमकूँ कुंदन जैसी।

आँचल में तू तारे न दे,
ना देना तू मोती।
पर दे देना कठिन डगर पर,
आशीषों की ज्योति।

साहस धैर्य भरा हो जीवन,
है अभिलाषा ऐसी।
कर्मपटल पर लेख विधाता,
लिख देना कुछ ऐसी।

धन-ऐश्वर्य की चाह न देना,
ना ही महल अटारी।
रहने देना मुझको दाता,
मानुष प्रेम भिखारी।

प्रीति मिले और प्रीति ही बाँटूँ,
है अभिलाषा ऐसी।
कर्मपटल पर लेख विधाता
लिख देना कुछ ऐसी।

आसमानी तितलियाँ

वो आसमानी तितलियाँ,
सुदूर गगन से आती थीं।

इधर-उधर लहराती थीं।
सौ फूल पे मंडराती थी।
आँखें मिलती थी तो सबसे,
कुछ कहने से कतराती थीं।

एक दिन, कोमल पँख सलोने,
एक-दूजे से टकराए।
जैसे मानो नव उर्जा की
नई तरंगें ले आए।

फिर....!
वो आसमानी तितलियाँ!
पास आई और तो एक,
गुलिस्ताँ बना बैठीं।

अलग-अलग किस्सों वाली,
दूर देश के हिस्सों वाली,
वो तितलियाँ!
साथ बैठी दो घड़ी तो,
दास्ताँ बना बैठीं।

अलग-अलग रंगो वाली,
अलग-अलग पँखों वाली,
स्वच्छंद आसमानों वाली,
वो तितलियाँ।

वो आसमानी तितलियाँ।
साथ में जब उड़ चलीं,
एक कारवाँ बना बैठीं,
वो आसमानी तितलियाँ।

*(*आसमानी यहाँ अप्रवासी स्त्रियों के लिए उपयोग किया गया है।)*

माँ-मातृभूमि

उष्मा की लहर बनकर,
दौड़ता मेरा लहू।
जननी! तुझ पर प्राण अर्पण,
और मुख से क्या कहूँ?

मेरे जैसे लाखों बालक,
तेरे जैसी एक 'माँ'!
देखकर जलता तो होगा,
तुझसे बैरी ये जहाँ।

बैरियों का क्रूर मस्तक,
तेरे चरणों में डाल दूँ।
जननी! तुझ पर प्राण अर्पण,
और मुख से क्या कहूँ?

तेरी खुशहाली का साक्षी,
मैं भले ही न रहूँ।
आए तुझ पर आँच अगर तो,
सबसे पहले मैं लड़ूँ।

ले लूँ एक संकल्प मैं,
जब तक जियूँ, तेरा रहूँ।
जननी तुझ पर प्राण अर्पण,
और मुख से क्या कहूँ?

धूरियों पर घूमती है धरती,
तो घूमा करे।
विश्व के मस्तक पे माणिक
जैसी तू चमका करे।

तू अचल थी, तू अचल है,
मैं रहूँ या ना रहूँ।
जननी तुझ पर प्राण अर्पण,
और मुख से क्या कहूँ?

और मुख से क्या कहूँ!
और मुख से क्या कहूँ?

प्राण-प्रिय

समहृदयी, समवैचारी,
सहगामी, श्रीमान प्रिये!
स्पन्दित, कुँजित, अनुरागी,
तुम से यह जीवन प्राणप्रिये।

अधरों की कंपन में तुम हो,
तुम्हीं चक्षु की काली में।
धमनी की थर-थर में प्रियतम,
तुम्हीं रक्त की लाली में।

मन-मन्दिर में पूजे जाते,
तुम ही हो भगवान प्रिये!
स्पन्दित, कुँजित, अनुरागी,
तुम से यह जीवन प्राणप्रिये।

जीवन का सुख-सार तुम्हीं से,
सकल स्वप्न साकार तुम्हीं से।
अभिभूत हैं दसों दिशाऐं,
यह सृष्टि, सँसार तुम्हीं से।

मरुभूमि की अविरल धारा,
तुम से ही निर्वाण प्रिये।
स्पन्दित, कुँजित, अनुरागी,
तुम से यह जीवन प्राणप्रिये।

खंड 2: धुएँ के हस्ताक्षर

भाव: संघर्ष | रंग: स्लेटी | 14 नीलमणियाँ

आँच में तपे हुए चौदह संकल्प

जीतने का प्रण

हार कर हारा नहीं मैं युद्ध, अबतक रण में हूँ।
संकल्प की शक्ति में हूँ मैं, जीतने के प्रण में हूँ।

गिर पड़ा हूँ अश्व से, पर धूल में धूमिल नहीं!
चेतना की ढ़ाल ले कर, धूल की कण-कण में हूँ।
संकल्प की शक्ति में हूँ मैं, जीतने के प्रण में हूँ।

हार मानूँगा नहीं मैं! मृत्यु की शैय्या तलक।
इस वचन की उष्मा से, जल रहा हर क्षण मैं हूँ।
संकल्प की शक्ति में हूँ मैं जीतने के प्रण में हूँ।

जो बदल 'प्रारब्ध' (भाग्य) को, नव प्राण से सिंचित करे;
उस आख़िरी हुँकार में, उस आख़िरी गर्जन में हूँ।
संकल्प की शक्ति में हूँ मैं, जीतने के प्रण में हूँ।

मैं हूँ 'प्रीति'! और सदा ही, एक स्वच्छन्द कवयित्री।
नाम से मत ढूँढिये, मैं तो हर जीवन में हूँ।
आस्था में, प्रेरणा में, हर किसी के मन में हूँ।
नाम से मत ढूँढिये, मैं तो हर जीवन में हूँ।

असमंजस

क्या कहते हो! क्या लगता है?
पानी कितना गहरा है?
उज-बुज, उज-बुज मन के भीतर,
डरना भी है! तरना भी!

बोल ज़रा पतझड़ के पत्ते,
वेग हवा का कैसा है?
थर-थर, थर-थर काँप रहा है,
रुकना भी है! उड़ना भी!

घात की बात कहो! चट्टानों,
झरनों के संग यारी की!
रिस-रिस सीना चीरना भी है,
झर-झर, झर-झर झरना भी!

आँखों का टकराना ऐसा,
धड़-धड़ सीने में होती है।
मन पर चाहे काबू करना,
प्रेम के घाट उतारना भी!

इत पल में बैरागी जीवन।
उत पल भँवरा बागी जीवन।
जग-मग जीवन जीना भी है,
लिए कमंडल फिरना भी!

उज-बुज, उज-बुज मन के भीतर,
डरना भी है, तरना भी।

प्राण-पिपासा

मन-मधुबन के भ्रमर सुनो,
रसहीन हृदय में तुम न रहो।

इस उपवन में अब कुँज नहीं।

शिशिर-शिशिर चहुँ ओर है अब,
ऋतु वसंत अब और नहीं।
उड़ जाओ तुम इस उपवन से;
अब और इसे अपना न कहो।

मन-मधुबन के भ्रमर सुनो!
रसहीन हृदय में तुम न रहो।

असहज जीवन रसपान बिना।

तृष्णा-तृष्णा चहुँ ओर है अब,
शिथिल शरीर है, प्राण बिना।
भटको न इसमें मधु के लिए,
अब और अधिक पीड़ा न सहो।

मन-मधुबन के भ्रमर सुनो!
रसहीन हृदय में तुम न रहो।

आकाश धरा के बीच तरल,
पा जाओगे मधु-कुँज सरल।
बस प्राण-पिपासा ले के उड़ो,
हठ 'प्रीति' छोड़ आगे को बढ़ो।

मन-मधुबन के भ्रमर सुनो!
रसहीन हृदय में तुम न रहो।

तेरे भाग्य में कुछ और है!

माँगता हो कुछ मनुज,
मिलता उसे कुछ और है।
जानता वो है नहीं,
दाता के मन कुछ और है।

अपनी क्षमता के परे,
वो देखता क्यों है नहीं?
रोता रहता है मुझे बस,
ये मिला है; वो नहीं।

आलसी मन उतना पाए,
जितना कर्मठ छोड़ दे।
कल करेंगे! कल की बातें,
आज करना छोड़ दे।

स्वर्ण-मृग की चाह अगर है,
तो उठा पहला कदम!
सौ कदम चलने की बातें,
इस कदम पर छोड़ दे।

जानते हैं **'वो'।** सभी,
पथ की तेरी दुश्वारियाँ,
तू निडर हो आगे बढ़!
और बाकी **'उन'** पर छोड़ दे।

लिख ले अपने हाथ से,
तेरे भाग्य में कुछ और है!

चेतन मस्तिष्क

ऐ चेतन मस्तिष्क मेरे!
अतिश्योक्ति न दो;
चुपचाप सुनो!

मुझपर न डर का डेरा है!
आकाश धरातल मेरा है।
मैं असंख्य सूर्य का पाला हूँ।
और तम को जीतने वाला हूँ।

तुम बाधा घोर घने लाए,
मैंने पर्वत जंगल ढाए।
मेरी आँखें, मेरा अतिशय,
तुम से ही सुधि को पाते है।

तुम कायरता की बात करो,
तो कायर मुझे बनाते हैं।
तुम कितने उच्छावास करो;
हल ये कि, थोड़ा प्रयास करो।

जब-जब तुमने लघुता देखी,
मुझको भी, संकीर्ण किया।
जब-जब तुमने साहस त्यागा,
तब-तब मुझको भी जीर्ण किया।

यदि मेरे स्वामि बनते हो!
फिर स्वामि सा कर्तव्य करो।
ऐ चेतन मस्तिष्क मेरे!
अतिश्योक्ति न दो;
चुपचाप सुनो!

आत्मशक्ति

चहुँ तरफ से घिर गया था,
आज रास्ता मेरा।
फिर आँधियों से पड़ गया था,
आज वास्ता मेरा।

मैं देख उसको रुक गई,
कदम में उसके झुक गई।
वो देख मुझको हँस पड़ा,
मैं देख उसको रो पड़ी।

अजब वो अट्टहास था।
मन मेरा हताश था।
चक्षुओं में धूल थे,
बदन पे मेरे शूल थे।

डरी हुई, सहम के मैंने,
आँख अपनी मूँद ली।
स्वाँस को समेट कर,
हृदय को अपने चूम ली।

पहाड़ के समक्ष मैं,
चींटी सी पड़ी हुई;
न जाने किस प्रकाश से,
उठ के फिर खड़ी हुई।।

ललकार कर कहा उसे,
कि आ के मुझ पे वार कर!
न देखकर तू हँस मुझे,
आखिरी प्रहार कर!

यूँ देखकर सुदृढ़ मुझे,
जैसे वो ठिठक गया।
आ के मेरे पास तक,
छू के बस निकल गया।

दुर्बल से मैं, सबल सी थी।
वो शक्ति कुछ, प्रबल सी थी।
मैं क्षुब्ध थी, मैं मौन थी।
वो शक्ति मुझ में, कौन थी?

रेशम का कीड़ा

पत्ते की फुनगी पर लटका हुआ,
एक अदृश्य तार से,
कई पैरों वाला एक कीड़ा।

कभी सिकुड़ता हुआ,
कभी तनता हुआ,
कई आँधियाँ,
कई तूफान झेलता हुआ,
फिर भी लटकता हुआ वो कीड़ा!

एक दिन,
अनहदों को पार करता हुआ,
उसी अदृश्य तार पर धीरे-धीरे,
लटकते-लटकते खिसकता हुआ!

पत्तियों की सतह तक पहुँच जाता है;
वही बहुपदी कीड़ा।

सतह पर पहुँच कर भी चैन कहाँ?
अपने ही अदृश्य तार,
घेर लेते हैं उसे।

साँस नहीं त्यागता वो!
पड़ा रहता है उसी अवस्था में,
ना जाने कब तक!
जैसे तपस्यारत हो!
सही समय के प्रतीक्षारत हो।

फिर, एक दिन!
वर्षा की एक बूँद आकर,
मुक्त कर देती है उस कीड़े को;
उसके अपने ही जाल से!

मुक्त हो, वही निरीह कीड़ा,
'रेशम का कीड़ा' हो जाता है।

ख़ुदकुशी न कर!

ख़ुदा की तलाश कर, सुकून पाने के लिए।
दिल्लगी न कर, ख़ुद को बेदिली से जलाने के लिए।
बंदगी कर, दिल्लगी न कर।
दिल्लगी कर, बेदिली न कर।
लुटा दे हर शय, दिल को मनाने में,
मना ले दिल, पर ख़ुदाया खुदकुशी न कर!

ज़िंदगी को, तेरे हौसले की ज़रूरत है।
जिये जा! फ़िर देख ज़िंदगी खूबसूरत है।
आशिक़ी कर, मौसिक़ी कर;
दरबार-ए-दिल में, ख़ुद की पेशगी कर।
लुटा दे हर शय, ख़ुद को आज़माने में,
मना ले दिल, पर ख़ुदाया खुदकुशी न कर!

पनाहे मौत कोई मंज़िल नहीं।
न बन वो कश्ती ए दिल! जिसका कोई साहिल नहीं।
जुस्तजू कर! आरज़ू कर।

ज़िंदगी से कुछ मशक्कत, और तू कर।
लुटा दे हर शय, दिल की लगी बुझाने में,
मना ले दिल, पर ख़ुदाया खुदकुशी न कर!

हार कर न बैठ, एक अधूरी हसरत के लिए।
हिम्मत तो कर, ये दुनिया है तेरे लिए।
शोर कर! झकझोर कर।
ज़ोर कर! कुछ और कर।
लुटा दे हर शय, अपनी तड़प मिटाने में,
मना ले दिल! पर ख़ुदाया खुदकुशी न कर!

मौन का औचित्य

मौन रहना क्या उचित है?

क्या उचित है, अपनी सँवेदनाओं को,
खौलने देना, अपने भीतर?
बेबाक हो कर, मुख से निकलते शब्दों को,
खींच लेना अपने भीतर?
खिंचने देना अपनी मस्तिष्क की, धमनियों को,
शब्दों का रूप लेने को आतुर,
'विचारों' को समेट लेना,
अपने अधरों के उस पार।
क्या उचित है भयभीत होना?
इस खोखले संज्ञान से,
कि अगर, कह दिया तो क्या होगा?
कहे शब्द वापस ना होंगे।
तो क्या उन्हीं,
अनकहे शब्दों के दुर्गंध से,
अपनी उर्जा व रक्त जलाना उचित है?
मौन रहना क्या उचित है?

(हाँ।)

हाँ, उचित है, मौन रहना,
बातें, जब आवेश के हों।
शब्द, जब टकराव के हों।
तर्कसंगत कुछ न हो।
जब ध्येय, वक्तव्य को जीतना हो,
और सामने रिश्ते बड़े हों।
हाँ! तब उचित है मौन रहना,
जब मौन का औचित्य हो।

(नहीं।)

नहीं उचित है मौन रहना!
बात जब उत्थान की हो।
बात जब सम्मान की हो।
नहीं उचित है मौन रहना,
जब पक्षपात हो द्यूत में,
और दाँव पर हो द्रौपदी!
नहीं उचित है मौन रहना,
जब खेल मर्यादाहीन हो।
और न्याय नेत्रविहीन हो।

नहीं उचित है मौन रहना,
बात जब अन्याय की हो।
नहीं उचित है मौन रहना,
जब मौन का औचित्य न हो।
जब मौन का औचित्य न हो।

धिक्कार है!

ये समग्रता! समवर्तता।
परिपूर्ण है, परिपूर्णता।
धिक्कार है! असमर्थता।

'पावक' कहे, वो न जल सके!
ये स्वरूप वो, न बदल सके।
है प्रतप्त उसका स्वभाव कब?
बस यूँ ही कहते हैं 'अग्नि' सब।

और ***'जल'*** कहे, वो तरल नहीं!
ये प्यासें बुझना, सरल नहीं।
वो कैसे कँठ समाएगी?
इस बात में कुछ बल नहीं।

जब ***'वायु'*** वेग विहीन हो,
साँसें प्रवाहित ना करे।
'धरती' समाहित ना करे,
'आकाश' सीमाबद्ध हो,
चुप हो मनुज, बस क्षुब्ध हो।

जाएँ कहाँ? किससे कहें?
जब अर्थ, सारे निरर्थ हों।
अनुरोध सारे, व्यर्थ हों।
जो समर्थ हैं! असमर्थ हों।

हाय! समर्थों की व्यर्थता।
धिक्कार है! असमर्थता।

घर से दूर!

वो रातें अँधेरी थीं।
किंतु काली न थीं!
चरमराते पलंग पर,
सफेद पलंगपोश, मित्रा थीं।
नींद न ले आए दुःस्वप्न कहीं,
इसलिए हर करवट अनिद्रा थी।
दूर कहीं, चमकते जुगनू थे।
वो घोर अमावस की बेला थी।
मैने वृहत में अंधकारों में,
उगते सूरज को देखा।
मेरा एकाकीपन!
अंधेरों में अंजन घोल न सका।
मेरा भय!
मेरे विश्वास को तोल न सका।
इस अंतरदीप की ज्योत,
क्या निराली थी।
मैं मौन लिए करवट-करवट,
रातों से निकलने वाली थी।।

प्रेरणाओं से आगे

ये दृष्टि जहाँ तक जाती है,
कोई ज्योति नजर नहीं आती है।
यह तम अंतः मन घेरे है
विस्तृत घोर अँधेरे हैं।

एक प्यास सभी को रहती है,
जो सरिता बन मन बहती है।
जलकूप यदि न पाऊँ मैं;
तो कह दो, किस मग जाऊँ मैं?

वन-बंजर! उपवन बाग करे,
जिसको अति है वह त्याग करे!
मुझको नहीं अति है पाने की,
सुधि है! तो जीते जाने की।

चम-चम झालर, जुगनू के कहीं।
यहीं बादल घोर घनेरे हैं।
विस्तृत घोर अँधेरे हैं।

एक हूक हृदय से आती है।
आ आकर कुछ कह जाती है।

"परिजन दुर्जन का शोध नहीं,
सच है! तुझे शत्रु-बोध नहीं।
हे अर्जुन! अब गांडीव धरो,
तुम योद्धा कोई अबोध नहीं।

नहीं डोर तुणीर ढलकने दो,
नेत्रों से रक्त छलकने दो।
बाहें फैला चित्कार करो
रणभेरी पर हूँकार करो।"

पर, शून्य जहाँ पसरा था कहीं;
उस शून्य से कोई निजात नहीं।
मैं कायर हूँ, डर जाऊँगा!
ऐसी तो कोई बात नहीं।

क्यों चला जहाँ से जाता हूँ,
फिर लौट वहीं पर आता हूँ?
क्या कोल्हू का कोई बैल मैं?
या मेरे पग में, पग-फेरे है?
विस्तृत घोर अँधेरे हैं।

क्यों मेरा कोई पछोर धरे,
जाए ***'पश्चिम'*** की होड़ करे।
मन-खण्डहर दीप जलाते हैं।
ये स्वप्न मुझे क्यों दिखाते हैं?
पाने वालों की कमी तो नहीं!
मुझ बिन धरती, ये थमी तो नहीं!

यह भीड़ कहीं तो जाती है।
इत-उत मुझसे टकराती है।
मैं दिशाहीन पाषाण बना,
ढहता हूँ न, बह पाता हूँ।

विपरीत दिशा नियति की मेरी,
सौ योजन दूर सवेरे हैं।
विस्तृत घोर अँधेरे हैं।

तामस, करुणा, अनुराग, दया!
छींके पर टाँग दिया मैनें।
अब रिक्त हुआ सब भावों से;
यह बन्धन लाँघ दिया मैने।

मृदु है, मधु है जो, रीत गया।
संघर्ष मुझी पर बीत गया।
तृण-तृण, कण-कण है ज्ञात मुझे,
एक जीवन नहीं पर्याप्त मुझे।

फँसना था जीवन चक्र जिसे,
मछली काँटे से चूक गई।
क्या लिखूँ!! कि स्याही सूख गई।

*(*पश्चिम से तात्पर्य पाश्चात्य है।)*

मेरी कहानी

मेरी ये कहानी, अधना सा फसाना ही सही!
ये न समझो कि, थपेड़ो से दहल जाएगी।

तुम हो तूफां, तुम्हें दावे की ज़रूरत क्या है?
ये तो बस रौब है! 'मुझ' पर, कि ये डर जाएगी।

जिंदगी तेरे इरादों, पे शक है मुझको।
ये बता! ले के मुझे, और किधर जाएगी?

माना कि मोहब्बत न सही, एक क़यामत ही सही!
ये क़यामत भी, मेरे साथ गुज़र जाएगी।

संक्षेप में कैसे कहूँ?

बात मेरे भावों के हैं,
कष्ट के वा अभावों के हैं।
सूक्ष्म से खुशियों से तर हैं।
मानवीय स्वभावों के हैं।
शब्द में कुछ ढल चुके हैं,
कुछ अधर पे आ खड़े हैं।
कुछ ने पाया स्वाद भी संजोग का;
कुछ वियोगी होके जिद ही पे अड़े हैं।
इतने सारे भाव हैं!
सब भावों की एकलौती मैं।
हूँ विकल,
की ढल चूकूँ, एकबारगी!
प्रश्न ये कि,
"द्वन्द" को संक्षेप में कैसे कहूँ?

खंड 3: लाल कुसुम

भाव: प्रेम | रंग: लाल | 19 नीलमणियाँ

प्रेम के अनुभूतियों की उन्नीस धाराएँ

अनुभूति

जैसे कि सुनहरी शाम,
रुपहली धूप!
नारंगी आसमान,
उगते सूरज की लाली!
नीले सागर का किनारा।
सफ़ेद नर्म रेत पर,
पैरों को गुद-गुदाने वाली,
सभ्य लहरें!
बीहरों से सरसरा कर निकलने वाली,
गालों को सौम्यता से,
छूने वाली हवाएँ।
तारों वाली रात!
बादलों वाला चाँद!
ओस में धुले फूल व,
दूर्वा से छिटकने वाली किरणें।
बारिश की हरियाली!
पेड़ों पर चिड़ियों की चहचहाहट!

और इस तरह की हर एक सुँदरता!
मुझे तुम्हारे और पास ले जाती है।
बहुत पास।
निःसंदेह ये प्रेम है।

भ्रम

अधरों पे धरी थी, मंद हँसी।
आँखों में चमकते, दीप कई।
मैं देख रही थी किन्तु तुम्हें,
तुम देख रहे थे और कहीं।
हाँ! ये मेरे मुदित लोचन,
बस तुम्हीं को देखते हैं।
देखते हैं अपलक,
पर देखते कुछ भी नहीं।
मैं समझती हूँ मैं शायद,
शून्य में हूँ।
तुम समझते हो,
मैं किंचित प्रेम में हूँ।

याचक

ओ मृगनयनी! तेरे नयन कुटिल।
तेरी चँचलता मादक है।
अंग-अंग रस कुँज फलित,
हम भ्रमर नहीं, तेरे याचक हैं।

उनमन यौवन, कँचन-चँदन,
तू प्रेम भरी, बदली जल की।
हम प्रणय सुधा की आस लिए,
एक जोगी हैं, एक चातक हैं।

हम भ्रमर नहीं, तेरे याचक हैं।

इस प्रेम का कुछ प्रतिदान मिले,
हैं योग्य तेरे, संज्ञान मिले।
आग्रह, अनुग्रह और विनय लिए,
पुनरागत हैं, शरणागत हैं।

ओ रूप की देवी चन्द्रमुखी!
हम भ्रमर नहीं, तेरे याचक हैं।

हाल-ए-दिल

हाल-ए-दिल लिखते हैं, लिख के मिटा लेते हैं।
बात जो कहनी हो, सीने में दबा लेते हैं।

ना उलझ जायें, किसी के फरेबी आँखों में;
इसलिए आँखों को, मिलते ही झुका लेते हैं।

हम जवाँ रात के शाने पे, सरहना रख कर,
दो घड़ी चाँद को, पहलू में बुला लेते हैं।

(हाय! ये पोशीदगी, पर्दादारी, ये हया!
है ईश्क हमें भी, सरे-आम कह नहीं सकते!)

हम मोहब्बत के जवाँ, रौ में बह नहीं सकते,
इसलिए 'इश्क़' को आँखों से बहा लेते हैं।

हमसे कमतर को क़दरदाँ का, तकाज़ा क्यूँ हो?
ख़ुद ही लिखते हैं ग़ज़ल! ख़ुद ही को सुना लेते हैं।

अभिव्यक्ति

अभिव्यक्ति के पैमानों से,
तोल रहे हैं प्रेम मेरा।
मैं शब्द जाल से परे-परे,
हूँ मुखर नहीं, पर प्रेम तो है।

ये भाव भंगिमा प्रेम गहे,
नेत्रों की भाषा प्रेम कहे।
सब हाव-भाव में प्रेम रहे,
और छलक-छलक बस प्रेम कहे।

इन सब के आगे और भला,
अभिव्यक्ति में क्या रखा है?
जब एक ही भाषा शेष रहे,
फिर शब्दों में क्या रखा है?

मैं शान्त सिंधु, गहराई से,
उर्मी को तट पर छोड़ चुका।
मैं मलय हुआ प्रेमी बनकर,
टीलों को भू पर छोड़ चुका।

ये शोर-शराबे, महज़ दिखावे,
कभी मेरा अभिप्राय न थे।
मैं सुगम, सरल प्रेमी तेरा,
हूँ चमक-दमक से परे-परे।

तू धधक-धधक अग्नि की लपट,
ज्वाला संग ज्वाला रह न सके।
जब ताप-ताप टकराए तो,
फिर ताप, ताप का सह न सके।

मैं शीतल, शरद, हिमनद कोई,
इस ताप का अंत मुझी से है।
मैं शब्द जाल से परे-परे,
हूँ मुखर नहीं, पर प्रेम तो है।

युगल चाय

कहते हैं,
चाय अकेले नहीं पी जाती।
उसे चाहिए,
दो प्याली, दो हृदय,
घोर एकांत, नितांत चुप्पी,
और आँखों से होती,
युग-युगांतर की बातें।

क्योंकि!
चाय कभी अकेले नहीं बनती।
कितनी संवेदनाओं से बनती है चाय!
जैसे कि,
पानी के कोरेपन में,
दूध की सादगी।
पत्ती के रंग-उमंग,
चीनी का माधुर्य।
अदरक, इलायची की जीवंतता।

प्रेम की मद्धम आँच पर,
यौवन लहर सी पकती है चाय।
तब कहीं, विकारों से छन कर,
निर्मलता के प्याले में ढलती है चाय।

आज फिर, वही संवेदनाएँ।
वही निर्मलता की प्याली।
घोर एकांत, नितांत चुप्पी
एकल हृदय,
आँखों में खालीपन लिए,
अकेली है चाय।

दीवाना हूँ

वो शोख नज़र जब भी है मिली,
मदहोश हुआ पहले की तरह।

वो आँचल जब भी लहराया,
मैं झूम गया बादल की तरह।

उस नर्म हँसी ने रंग भरे,
हर शाम हुई पहले की तरह।

हर बार उसी पे निसार हुआ।
हर बार उसी से प्यार हुआ।

प्यार हुआ पहले की तरह!

दिल वार गया, सब हार गया,
अब जान लुटाने वाला हूँ।

मैं आज भी पागल प्रेमी हूँ।
मैं आज भी एक दीवाना हूँ।

मुमकिन नहीं है

मुझे वस्ल की चाहतें तो बहुत हैं,
मैं ये जानता हूँ ये मुमकिन नहीं है।

गुज़ारे कई पल यूँही फ़ुरकतों में,
गुज़रती नहीं क्यों, शब-ए-इंतज़ारी?

जताया नहीं मैंने, छुपाया बहुत है।
छुपती नहीं अब, मेरी बेक़रारी।

अगर मैं कहूँ, महज़बीं तू मेरी है।
मैं ये जानता हूँ, ये मुमकिन नहीं है।

तड़पते, सिसकते, धड़कते ही जाने में,
मेरे दिल की कोई रज़ा अब नहीं है।

जब से निगाहों ने तुझे छू लिया है,
नज़ारों में कोई मज़ा अब नहीं है।

मैं ये सोचता हूँ, तू मेरी हो गई है।
मैं ये जानता हूँ, ये मुमकिन नहीं है!!

प्रेम का प्रतिदान

तू करे मुझे प्रेम अगर,
दूँ प्रेम का प्रतिदान क्या?

प्रेम चिंतन से परे,
इसमें न कोई प्रश्न हो!
मोह क्या, वैराग्य क्या है?
धर्म क्या और ध्यान क्या?

तू करे मुझे प्रेम अगर,
दूँ प्रेम का प्रतिदान क्या?

चिर-चिता की भस्म में जल,
हो गए जीवंत हम।
स्पर्श आहूति से तेरी,
हो गए इंसान या।

तू करे मुझे प्रेम अगर,
दूँ प्रेम का प्रतिदान क्या?

हो अगर प्रारब्ध में,
'प्रीति' मिलन हो कर रहे।
नेह कर, वर माँगा, वर,
और मिले वरदान क्या?

तू करे मुझे प्रेम अगर,
दूँ प्रेम का प्रतिदान क्या?

एक लड़की

एक लड़की मिली मुस्कुराती हुई।
नाचती, झूमती, गुनगुनाती हुई।
एक लड़की मिली।

मैने पूछा, मोहब्बत तेरा नाम है क्या?
बोली 'ऊँहूँ' शरमाती हुई।
एक लड़की मिली।

मेरे दिल ने अब तक न ढूँढा किसी को,
न देखा किसी को, न चाहा किसी को।
तू आ के मेरी ज़िन्दगी को सजा दे,
न जा ऐसे दिल को दुखाती हुई।

एक लड़की मिली, मुस्कुराती हुई।
छेड़ के दिल के तारों को जाती हुई।
एक लड़की मिली।

अपने अफ़सानों में मैं तेरा नाम लिख दूँ।
कहे तो 'मोहब्बत' तेरा नाम लिख दूँ।
मेरे दिल को तू इस क़दर भा गई,
ज्यों अँधेरों में लौ, जगमगाती हुई।

एक लड़की मिली मुस्कुराती हुई।
पास आती हुई, दूर जाती हुई।
एक लड़की मिली मुस्कुराती हुई।
एक लड़की मिली।

वो प्रेम, जो मुझे तुम से है

सादा है, सफेद से अधिक,
गाढ़ा है, काजल से ज़्यादा।

निश्चल है, मासूम है,
एक अबोध के जैसे।
परिपक्व है, गंभीर भी है।
उत्सुक है, अधीर है,
जिज्ञासाओं का समुद्र है।

खिलखिलाता है,
अश्रु भी बहाता है।
कभी बाहों के झूले झूलता हुआ,
सातवें आसमान पर होता है।
कभी स्वयं से आलिंगनबद्ध हो,
आहें भी भरता है।

परिकल्पनाओं में भटकता हुआ।
यथार्थ को जानता हुआ।

वो जो अनहदों में पाकर भी;
हदों में ढूँढता है तुम्हें।

उदासीन इतना कि समक्ष हो भी,
तो तुम्हें देख नहीं पाता।
सजग ऐसा कि अप्रत्यक्ष भी हो,
तो तुमसे बातचीत करता है।

विविध इतना कि,
कोई प्रकार नहीं ले पाता।
निराकार है,
कोई आकार नहीं ले पाता।
वज़न इतना है इसमें कि,
कँधे झुके हुए प्रतीत होते है।
और हल्का ऐसा कि,
पवन उड़ाए लिए जा रही है,
सुदूर गगन में।
उस प्रेम संग, जो मुझे तुमसे है।

हम-तुम

एक सहसा स्पर्श से,
एक तन हो जाने तक।
"तू-तू", "मैं-मैं" से,
"हम-तुम" हो जाने तक।
सींग टकराने से,
पर फैलाने तक।
मोती बनने से,
कमल हो जाने तक।
दृष्टिगोचर के अंत से,
हृदय के द्वार तक।
नेत्र के परे,
स्वप्न के आर-पार।
भ्रम से सत्य,
सत्य के उस पार तक!
असंख्य चक्र,
अनेक धारायें,
अनंत जीवन,
अनेक 'हम-तुम'।

यादों के विविध स्तर

दिन के उजालों में जो मद्धम तारों सा टिम-टिम करे,
और तिमिर संग जगमगाए, याद है, तेरी याद है।

जो चाँदनी की शीतला में अग्नि सा ज्वर ताप दे,
वो ऊष्म लहरें कुछ नहीं, वो याद है, तेरी याद है।

रात्रि का सानिध्य पा जो दावानल सा भड़क उठे,
वो हृदय संदल कुछ नहीं, वो याद है, तेरी याद है।

नेत्र की डिबिया के कोने से निकल के चमक उठे,
वो द्रव्य-मोती कुछ नहीं, वो याद है, तेरी याद है।

ले निशा की स्याहियाँ, तेरे विविध चित्र बना-बना।
अपलक तकती वो आँखियाँ, याद है, तेरी याद है।

सिसकियाँ ले कर जो अपने आप ही से लिपट गईं;
द्रवित सी वो मूक घड़ियाँ, याद है, तेरी याद है।

रात्रि के अंतिम प्रहर तुझे नींद से जो जगा गईं;
वो निरंतर हिचकियाँ, तेरी याद है, तेरी याद है।

जो महज़ एक मात्र दर्शन का ही दम हरदम भरे,
सतत सी वो समाधियाँ, याद है, तेरी याद है।

'प्रीति' व्याकुल मन की जब संपूर्ण हो ये साधना;
यूँ लगे प्रत्यक्ष है, तू समक्ष है, मेरे पास है।

तू पास से भी पास है।
पास है, मेरे पास है।

वसुधा की प्यास

निष्प्राण प्राण! धरती काया,
प्यासी अधीर हुई बिन जल के।
अलभ्य लाभ हल्के-हल्के,
घट मेघों के छलके-छलके।

सारी निसर्ग हर्षित-हरित,
वारिद बून्दन से धुलके।
हुई दीप्तिमान वसुधा समस्त,
कुँदन बनके, चमके-चमके।

अलभ्य लाभ हल्के-हल्के,
घट मेघों के छलके-छलके।

विरहाकुल हृदय, धरती समान।
प्रियतम समक्ष, वारिद समान।
बने जलतरंग, मेघों के नाद,
शोभा असीम झलके-झलके।

अलभ्य लाभ हल्के-हल्के,
घट मेघों के छलके-छलके।

वह्वल हृदय करुणा विभोर,
नयनन के कोर, तने ओर-छोर।
अह्लाद लाद पलकें-पलकें,
सुख पाएं तदपि छलकें-छलकें।

गुमनाम आँधियाँ

गुमनाम आँधियों ने, इतना झकोरा मुझको,
इतना सता के छोड़ा, पत्थर बना के मुझको।

क्यों आ के खोदते हो, पाषाण सा कलेजा?
क्योंकर मिलेगा इसमें, पानी की धार तुझको।

मासूम उजले चेहरे, दिल स्याह चाहतों के,
सिहरन हैं दे के जाती, काजल की धार मुझको।

अबरू के प्याले उसके, विष से भरे हुए हैं,
कहती है आ के पी ले, प्यासा बना के मुझको।

इतने पढ़े हैं चेहरे, दिल खोल कर मिलूँगा,
जब भी मिलेगा कोई, मतलब का यार मुझको।

जब-जब हूँ लड़खड़ाया देहलीज़-ए-होश पर मैं,
यारों ने है संभाला, फ़िर से पिला के मुझको।

जब भी वफ़ाएँ माँगी, दिल ज़ार-ज़ार तोड़ा,
इतने किए है टुकड़े!
अहदो वफ़ा पे क्यों हो? अब ऐतबार मुझको।

मदमस्त करते सरगम, तिरकिट की ताल छम-छम्।
मन मस्त नाचे ***'जीवन'***, घुँघरू बना के मुझको।

जज़्बाती मसले

यूँ घंटों चाँद को तकना,
यूँ फूलों पर फ़िदा होना।

ये रंग-ओ-बू की चाहत में,
सहर से शाम हो जाना।

ये मेरे जज़्बाती मसले हैं,
जो तुम से हल नहीं होंगे।

बदलते मौसमों जैसे,
बदलते वक्त के मानिंद;

बदलती रंग है दुनियाँ,
अपने ढंग को बदले।

न हम है वक्त न मौसम,
जो अपने अक्स को बदलें।

ये वादा कर नहीं सकते,
जो अब है, कल नहीं होंगे।

ये मेरे जज़्बाती मसले हैं,
जो तुम से हल नहीं होंगे।

तीखे बोल

प्रेम के सब रंग देखे,
रंग ये ही था बचा।

इस रंग को क्या नाम दूँ?
इस रंग को किसने रचा।

आकार में, विस्तार में,
लघु से भी लघुतर है यही।

पर घाव भीषण देने में,
किसी तौर भी कमतर नहीं।

एक बार जो लग जाए तो,
फिर घाव ये ना भर सके।

विचलित जो मुझको कर सके,
वो शब्द तुम न पाओगे।
निःशब्द हूँ कि प्रेम है।
मैं क्षुब्ध हूँ कि प्रेम है!

प्यार की उम्र

बोलने वालों के मुँह से,
क्या नहीं बोला गया?
हाय! मेरा प्रेम मेरी,
उम्र से तोला गया।

प्रेम मेरी संतति है,
प्रेम मेरी वेदना है।
उम्र से ना वास्ता हो,
प्रेम वो संवेदना है।

एक जुगनू रात का,
कोई सितारा हो गया।
ये नज़र जब भी लड़ी,
मुझे और प्यारा हो गया।

मन हृदय के मेल को,
उम्र से न तौलिए।
बोलिए कुछ भी मगर
ऐसे तो न बोलिए, कि

"मुँह में हैं दाँत लटके,
अँतड़ियों में साँस अटके।
इस उमर में प्रेम होते,
ये बताओ कब सुना है!"

उम्र के अंतिम प्रहर में,
हम हैं अब भी बालपन में।
वो लड़कपन छोड़ बैठे,
बालपन में, ये सुना है।

फौजी का प्रेम पत्र

कोई मायूस सी धड़कन गुजरती है जो सीने से,
गुमान होता है यूँ मुझको कि तूने कुछ कहा होगा।

खलिश देखी नहीं तेरी, नजर से दूर हूँ तेरे।
मगर वाक़िफ़ हूँ मैं इससे कि तूने क्या सहा होगा।

मेरी खामोशियाँ चुप हैं, तेरी आवाज़ भी गुम है।
मगर सीनों में दोनों के, मुसलसल एक धुआँ होगा।

मिलूँगा जब कभी तुमसे, लिपट कर तुम सुना लेना।
सुनूँगा मैं तसल्ली से, तेरा जो भी गिला होगा।

अगर बेचैन तू है तो, कहाँ है चैन मुझको भी।
समझ लेना खुशी से है, जहाँ भी है! जहाँ होगा।

सिमटना ना उदासी में, कसम तुमको मोहब्बत की।
कहो मायूसियों से तो किसी का क्या भला होगा।

खंड 4: दीप की लौ

भाव: आस्था | रंग: सुनहरा | 13 नीलमणियाँ

उत्सव और आस्था के तेरह दीप

चेतना का दीप

"मैं" तुम्हारी चेतना का,
दीप बनकर जल रहा;
जब पड़े मुश्किल कोई तो,
इस दिये से काम लो।

छल रहें हैं असंख्य जुगनू,
तिमिर बाँटते ज्ञान के,
अपने सारे ज्ञान का तुम,
मुझ से ही संज्ञान लो।

पी के जीवन के हला-हल,
सादगी के नाम पे,
अपनी सारी ही व्यथा को,
तीक्ष्ण सी मुस्कान दो।

और अगर मैं बुझ रहा हूँ,
तुमको न ज्योति मिले;
अपनी आकुलता को थामे,
फ़िर '*हरि*' का नाम लो।

गणपति (भजन)

देवियों की देवी हैं जो,
आदि-शक्ति भगवती।
आदि-शक्ति भगवती की,
उत्पति गणपति।

पूजते करबद्ध होकर,
हम सभी, हम सभी।
चेतना, बल, बुद्धि दाता,
ऋद्धि-सिद्धि के पति।

पाप, तम, अवसाद से,
भर रही है संतति।
संतति की पापियों से,
कीजिए निवृति।
खुले लोचन, सुप्त मन
अवचेतनों की जागृति।
गणपति, गणपति।

पूजते करबद्ध होकर,
हम सभी, हम सभी।
फूल-फल, जल, गंध, दीपक,
संग करते आरती।
विघ्न हरिये, कष्ट हरिये
सुख करिए गणपति।

डमरुओं वाले! (भजन)

सरस, सोम, सुधा रस प्याले।
डमरुओं वाले, डमरुओं वाले।

सृष्टि के आगे पीछे,
वो ही हैं, वो ही तो थे।
जन जीवन, सृजन के आधार।
कमंडल वाले, बाघम्वर वाले।
डमरुओं वाले!

डिमिक-डिमिक डमरू डम बाजे।
संग-संग गौरी के नाचे।
तब ही कहलाए नटराज।
घुँघरुओं वाले, डमरुओं वाले।

चलते ही चलते जाएँ।
रुकने न थकने पाएँ।
बोलें बम भोले की जयकार।
कमरुओं वाले, कमरुओं वाले।
डमरुओं वाले!

ढूँढो तो यहीं-कहीं हैं।
ये बोलो कहाँ नहीं हैं?
घट-घट में करते हैं निवास,
जटाओं वाले, गुफाओं वाले।
डमरुओं वाले!

भस्मों बेलों से सजाओ।
चरणों में शीष नमाओ।
कर देंगे, पल ही में उद्धार।
हैं भोले भाले, डमरुओं वाले।
डमरुओं वाले!

माँ! बागेश्वरी

अज्ञान के अँधकारों में ज्योती,
भर दूँ मैं आशा के सीपों में मोती।

किसी रास्ते पर किसी मग भी जाऊँ,
उनको हँसा दूँ, जो आँखे हैं रोती।

आशीष इतना मेरे शीष पर हो कि,
लिखूँ कलम से तेरी ही जय-जय!

हे शारदे माँ, बागेश्वरी।
मैं लिखूँ कलम से तेरी ही जय-जय।

मेरे आराध्य!

महादेव शिव जो गुण अशेष हैं।
जिनके समक्ष काल करबद्ध खड़ा है।

गले में सर्प की माला।
कान में बिच्छू के कुन्डल।
हाथों में त्रिशूल संग डमरू।
जटा में गंगा,
ललाट पर चंद्र शोभित है।

संग में भवानी और गोद में गणेश है।
नंदी की सवारी।
कभी शमशान, तो कभी कैलाश के,
उन्नत शिखर पर वास है।
महादानी हैं, किंतु भिक्षा माँगने,
से भी परहेज नहीं।

संहार के देवता, ज्ञान के पुँज।
भस्मांग, बाघम्वर धारी।
मृग छाल का आसन है।

सकल सामर्थ्य से युक्त परमेश्वर,
सब अनाथों को करते सनाथ हैं।
गुणातीत, दया के सागर,
औढ़र दानी भोलेनाथ हैं।

आदिगुरु, आदिनाथ, आशुतोष।
लय-प्रलय जिनके आधीन है।
शिव तत्व हैं! या हर तत्व शिव है।
आप ही अवतीर्ण हैं जो,
आप ही में विलीन हैं।

मेरे आराध्य!
हम सबके आराध्य।
काल, कालेश्वर, महाकाल, महाजोगी।
वणर्न से परे वो अवर्णनीय हैं।

एक सत्य रघुराई

चँचल, धवल, सरोज, सकल,
हर्षाई है, हर्षाई है।
उस प्रियतम का बस स्मरण मात्र,
सुखदायी है, सुखदायी है।

जब पात-पात मेंहदी रचकर,
सब पुष्प-पुष्प भ्रमरों ने छुए।
नव स्पंदन की अंगड़ाई लिए,
तब ही बसंत ऋतु आई है।

मन-कमल खिले पर व्यापकता,
मुखमंडल की आलौकिकता।
सब सत्य लगे, मिथ्या समान,
बस एक सत्य रघुराई है।

निच्छल, सरल, अमोघ, अटल
भक्ति ही राम को भाई है।
करुणानिधान! आकुल है प्राण,
बरसों की प्यास रंग लाई है।

उस प्रियतम का बस स्मरण मात्र,
सुखदायी है, सुखदायी है।

यमुना के तट

ना जप करी, ना तप करी, ना ज्ञान की बातें पढ़ी।
मैं जो चली जमुना के तट, तब ही हरि की हो गई।

ये खग-विहग की बोलियाँ तो जग सुनें, मैं बाँसुरी।
मैं जो चली जमुना के तट, तब ही हरि की हो गई।

लट झारि के, पट डारि के, घूँघट करी, मटकी धरी।
मैं जो चली जमुना के तट, तब ही हरि की हो गई।

नयनन, हृदय सौं खीच के तृष्णा! अधर लाली धरी।
मैं जो चली जमुना के तट, तब ही हरि की हो गई।

लटकारती, झटकारती, प्रभु रूप मनहि विचारती।
मैं जो चली जमुना के तट, तब ही हरि की हो गई।

मोहे न मोहे और कछु, मोहन ने मोही बावरी।
मैं जो चली जमुना के तट, तब ही हरि की हो गई।

सुध-बुध बिसारी 'प्रीति' पै, और प्रेम ही सौं घट भरी।
मैं जो चली जमुना के तट, तब ही हरि की हो गई।

श्री कृष्ण पग चरणामृती, पावन बड़ी वह सुरसरी।
मैं जो चली जमुना के तट, तब ही हरि की हो गई।

नववर्ष

दीप्ति प्रबल आनंदमयी।

तिमिर हृदय का चीर गई।
नव आस ले आई भोर नई।

नव मंगल कल, सच करने चल,
स्वप्न नए, साकार कई।

नव जीवन, चेतन, आकर्षण,
घन छँटे सभी, जब आँख खुली।

नव ऊषा, नव दर्पण काया,
नव्य-नवेली नार नई।

नया वर्ष, नव स्फूर्ति, स्पंदन,
मंगलमय यह दिन हो सब जन।

पूर्ण करें अपने सारे प्रण,
बीत न जाए वर्ष यूँ ही।

दीप्ति प्रबल आनंदमयी।

फुलझड़ियाँ

आशाओं के दीप जले हैं,
आई शुभ मंगल घड़ियाँ।
आओ जलाएँ फुलझड़ियाँ।

लाई दिवाली, दीपों की आली,
पुलकित घर, आँगन, गलियाँ।
आओ जलाएँ फुलझड़ियाँ।

खील, बतासे, खूब मिठाई,
और पटाखों की लड़ियाँ।
आओ जलाएँ फुलझड़ियाँ।

रंग-रंगोली, फूल, लटकनें,
आच्छादित मनहर कृतियाँ।
आओ जलाएँ फुलझड़ियाँ।

लक्ष्मी-गणपति ले कर आए,
सुख समृद्धि की झड़ियाँ।
आओ जलाएँ फुलझड़ियाँ।

'प्रीति' की बेला, मेल और मेला,
क्यों न बनाएँ सुख स्मृतियाँ।
आओ जलाएँ फुलझड़ियाँ।

खुशियाँ

इस व्यथा से उस व्यथा तक के,
सफ़र को याद रखा।
बीच में जो अनगिनत थे,
सूक्ष्म से थे, पर खुशी थे।
क्यों न उनको याद रखा?

गर विरह में सौ तपिश है,
एक मिलन सौ पर है भारी।
क्यों मिलन को भूल बैठे?
और विरह को याद रखा।

जब हृदय में प्रेम कम हो,
एक कलह सौ सुख पे भारी।
क्यों हृदय 'प्रीति' बिसारी?
और कलह को याद रखा।

गिनतियाँ दुख की सरल है,
सुख है अविरल निर्झरी।

कोई पैमाना नहीं जो,
नाप ले बहती नदी।

थाम सुख पतवार बैठो,
गिनतियों में क्या है रखा?
इस व्यथा से उस व्यथा तक के,
सफ़र को याद रखा।

योगमाया की चेतावनी!

अवमानित, निकृष्ट, नराधम!
मेरा क्या अवमान करेगा।

निंदा पात्र! स्वयं अपमानित,
मेरा क्या अपमान करेगा।
वैमनस्य! अस्थिर, आशंकित,
मुझ पर क्या संधान करेगा।

शक्ति! शक्तिधर की मुझसे,
मुझ में ही निहित है सब माया।
इस सृष्टि का भार मुझी पर,
मैं जगदम्बा, "योगमाया"।

जब सारी शक्तियाँ मुझ में निहित है,
तू किस पर अभिमान करेगा?

चाहूँ, तो इसी क्षण हंत करूँ।
तेरे पापों का अंत करूँ।
पर तेरा काल नहीं हूँ मैं।

जिसके हाथों तेरा अंत लिखा,
उस नंद का लाल नहीं हूँ मैं।
वो जन्म ले चुका और कहीं,
तू जिसे मारने आया है।
नवजात शिशु पर निर्दयता से,
शक्ति दिखाने आया है?

अरे मूढ़! तू दया पात्र है।
विचलित है शिशु किलकारी से,
योद्धा नहीं तू लेशमात्र है।

है समय अभी भी क्षमा माँग ले।
श्री हरि! के चरणों में जा के।

वो शंख, चक्रधर, पद्मनाभ!
जो सभी गुणों के आगर हैं।
कर देंगे उद्धार! क्षमा भी।
वो करुणा के सागर हैं।

(इतना कहकर भगवती योगमाया अंतर्ध्यान हो गईं।)

जमूरे का नाच

ये कैसा तमाशा, ये कैसा है शोर?
नाचे जमूरा कितना बेजोर।
सबको नचाए वो डमरू वाला,
नाचे जमूरा कितना बेजोर।

वो मुझसे आगे, मैं कितना पीछे।
वो कितना ऊपर, मैं सबसे नीचे।
सबका सभी से, बस इतनी ही होड़।
नाचे जमूरा कितना बेजोर।

माया का दल-दल है ऐसा बिछाया,
सर तक धँसी है, इसमें ये काया।
ये माया जो धर ले, न छोड़े पछोर।
नाचे जमूरा कितना बेजोर।

इसको आसक्ति, उसको विरक्ति।
ये चाहे जीवन, वो चाहे मुक्ति!
तो दे के मदारी की हाथों में डोर।
नाचे जमूरा कितना बेजोर।

सबको नचाए, वो डमरू वाला,
नाचे जमूरा कितना बेजोर!

फागुन

शीतल, सरद, बयार बसंती,
हरियर आँचर सोहे धरती।

वृक्ष-आम लदे मंजर के बूटे,
कुँजन-मधु भ्रमरों ने लूटे।

ढोल-मंजीरे, मधुर स्वर लहरी,
कोयल कुहुक करै अठखेली।

केसर, चंदन गंध सुगंधित,
फागुन सबहिं करै आनन्दित।

पर....
बिरहन मन मुरझाई, कन्हाई रे।

मास, दिवस बीत, एक बरस भए,
जोगन याद न आई, कन्हाई रे।

मैं भोली, तू चतुर सयानो,
समझी न मैं चतुराई, कन्हाई रे।

जाए परदेस पिया, सुध बिसराई मोरी,
या सौतन भरमाई, कन्हाई रे।

इस फागुन मैं, रंग न खेलूँगी,
सुन ले बलम हरजाई, कन्हाई रे।

अब के जो रूठी मैं, कबहुँ न मानूंगी,
मन सौगंध ये खाई, कन्हाई रे।

लाल, गुलाबी, पीले, रंग नहीं भाए मोहे,
साँवल रंग नहाई, कन्हाई रे।

सब जग ढूँढा तोहे, सब-तर ढूँढा,
उर अंतस मैं पाई, कन्हाई रे।

खंड 5: नीला मौन

भाव: पीड़ा | रंग: नीला | 15 नीलमणियाँ

विरह की चुप्पी के पंद्रह स्वर

विलंब

भाव भरे रह गए,
शब्द पड़े रह गए,
सिसकियाँ दबी रहीं,
आह! न निकल सकी।

बुझे चराग तम हुए,
नई प्रभा में रौशनी।
किंतु मन में व्याप्त खाक,
स्याह न निकल सकी।

वृक्ष आम के बड़े,
फूल-फल लदे हुए,
एक टहनी प्यार की;
हाय! कि न फल सकी।

आप में परिपूर्ण थे जो,
बूटी-बूटी खिल गए,
डाली वो गुलाब की,
'प्रेम' बिन न खिल सकी।

पुनः मिलन की आस में,
मिल गए नक्षत्र सब।
एक तुम से फिर मिलन,
की राह न निकल सकी।

वक्त कब गुज़र गया,
साँस भी निकल गई।
ज़िदगी में ***'तू ही तू'*** की,
चाह न निकल सकी।

अंतहीन का अंत!

प्रतीक्षा!
समर्पण!
विश्वास!
सकारात्मकता!
भक्ति!
सेवा!
कृपा!
दयादृष्टि!
सब दाँव पर है।
न जाने कितनी दूर है,
चरण धूल?
न जाने कितना गर्व है,
इस मस्तक में?
न जाने क्या कमी है;
इस प्रेमी में?
कि जाने को भी नहीं कहता,
और थामता भी नहीं।

आघात

मंदिरों की घंटियों में,
"महा-मृत्युंजय"।
शब्द में, साँसों में प्रतिध्वनित,
"रोगानशेषानपहंसि तुष्टा"।
तेरे कुपित होने का,
कोई अंधकार,
मन पर नहीं था।
विश्वास! चरम पर था।
आघात चरम पाया।
कैसे सामंजस्य हो तेरा मेरा,
कि तू उतर गया है हृदय से,
फिर भी पूजना है तुझे।

("महा-मृत्युंजय–महादेव का संजीवनी मंत्र)
(रोगानशेषानपहंसि तुष्टा"- दुर्गाशप्तशती का रोगनाशिनी मंत्र)

वियोगी का श्राप

प्राणों पर अभिमन्यु के,
जब आ पड़ी;
तुम न साक्षी देव थे,
फिर कौन था?
है कौन सा वो तृण,
तुम्हारी आज्ञा बिन,
जो हिल सके?
है कौन सा वो फूल,
बिन आदेश के,
जो खिल सके?
है कौन सा वो विघ्न,
जो निर्विघ्न हो,
कि न टल सके।
जो अशरण तेरे शरण,
आहुति उसकी किसने ली?
ले चले यमदूत, मेरा पूत!
आज्ञा किसने दी?
इस सघन आघात में,
तुम न घाती देव थे,

फिर कौन था?
थी गरज़ आहुति की,
तो हर लेते मेरे प्राण को।
है ये मेरा श्राप!
तड़पो;
तुम भी एक संतान को।

भरपूर वर्षा

सौम्य हृदय वाला कठोर पुरुष,
प्रेम के वशीभूत हो,
ढह गया हिमनदी की तरह।
उसके वेग को समाने हेतु,
सभी प्रेमकूप छोटे पड़ गए।
सारा संसार छोटा पड़ गया।
समाहित होने के ज्वर ने उसे,
वाष्प कणों में परिवर्तित कर डाला।
पर वाष्प धरती पर कहाँ टिकते हैं?
इसीलिए,
वो फिसल गया,
सभी पकड़ने की कोशिश करने वाले हाथों से,
आकाश के अनंत सीमाओं के पार।
रो पड़ा आकाश भी,
उसे रोकने की व्यर्थ चेष्टा में,
किंचित इसलिए,
आज यहाँ ***'भरपूर वर्षा'*** हुई है।

उसने कहा था!

उसने कहा था!
जब तक कोई शरीर के भीतर है,
तभी तक तुम्हारा है।
अपने अश्रु से उसकी,
असीम यात्रा में विघ्न न करो!
स्थितप्रज्ञ हो कर,
उसे सहयोग करो।
वैकुण्ठ के अलौकिक,
द्वार तक पहुँचने में।
इधर!
परम सत्य और भौतिक जीवन के,
सामंजस्य में डुबकियाँ लेता मन,
'अस्थाई विरक्ति' की ओर,
सनैः सनैः पदस्थ है।

नियति

बंजर धरती खोद खोद कर,
क्या सपना बोया है तुमने?
जीवन की जय कहने वालो,
क्या अपना खोया है तुमने?

तन, काया का सत्य जगत में,
रह जाता व्यक्तिव जगत में!
नव जीवन जब जग में आता,
आदिम से रहता क्या नाता?
आत्मा अक्षय कहने वालो,
क्या, आत्मा देखा है तुमने?

तप करने का क्या फल पाया?
अपना कुँडल-कवच गँवाया।
तप करने का ये फल पाया;
शैय्या सायक वाला पाया।

प्यास-प्यास ही जीवन बीता।
फूटी गागर, सब जल रीता।

तृषित कंठ! कैसे सद्गति हो?
हाय! नियति तेरी दुर्गति हो।
सुख सागर का झांसा देकर,
धारा बीच डुबोया तुमने।

राख-राख हो गया मर्त्य तन,
तोष त्याग जलमग्न हुआ मन।
ढाँढ़स के काँधे पर चढ़ कर,
अपना तन ढोया है तुमने?

जीवन की जय कहने वालो,
क्या अपना खोया है तुमने?

दंड की भागी

हमेशा संभल के चली,
सुरक्षित रास्तों को चुना।
कभी आँचल को स्वच्छंद,
नहीं लहराया मैंने।
कभी किसी से बैर नहीं लिया।
देख - भाल कर,
सोच-समझ कर निर्णय लिए।
खिड़की दरवाजों को समय से बंद किया,
अनचाही हवाओं के खिलाफ!
कर्तव्यों का निर्वहन किया।
गरिष्ठ वस्तुओं से परहेज किया मैंने।
सादगी को उत्तम जाना,
जरूरत से अधिक संचित नहीं किया।
यथा शक्ति देवों को पूजा,
समय - समय पर धन्यवाद की स्तुतियाँ,
प्रस्तुत की मैंने।
मगर ये कैसे हुआ?
देखे-भाले रास्ते,
असुरक्षित हो गए।

चिंगारियों को,
आँचल की हवा लग गई!
सभी विदित नियम!
अनकहे अनसुने हो गए।
आँधियों को, घर का पता मिल गया।
भोग्य वस्तुऐं, गरिष्ठ हो गईं।
अर्जित मूलधन खो गया।
कर्तव्य मूढ़ बने रहे।
कैसे? यज्ञ आसन तले ही,
सर्प पाया मैंने!
कैसे? सारे तथ्य मेरे विपरीत हुए!
किस तरह मैं निर-अपराध!
दंड की भागी हो गई?

साँझ हो गई है

सुनो! साँझ हो गई है।
अँधेरा होने से पूर्व,
मंदिर गृह में दिया जला देना।
सुना है! भगवानों को भी,
अँधेरे से डर लगता है।
उन्हें भी अँधेरे में अपने किए पाप,
सताने लगते हैं।
और सुनो! इतनी अगरबत्तियाँ जलाना;
कि पूरा प्रांगण महक उठे!
क्योंकि! बलि के रक्त की दुर्गंध में,
उनका भी दम घुटता है हमारी तरह!
पर हाँ! याद रहे दिए की रोशनी,
मद्धम ही रखना!
बल्ब वगैरह न जलाना।

किंचित उन्हें, आँख मिलाना पड़ गया,
तो कुपित न हो जाएँ हमसे।
सुनो!
अँधेरा होने से पूर्व,
मंदिर गृह में दिया जला देना।

सर्वदा के लिए

तेरा दुःख!
तेरे चले जाने का शोक!
सदा के लिए सर्वदा के लिए।

किंतु कैसी यह वेदना!
संपूर्णतः निजी,
पूर्णतः असामाजिक।

कैसी यह पीड़ा!
कि मन आवरण पर कोई बिम्ब नहीं।
कोई कौतुहल नहीं।
बाहर वही भ्रम की झंझावत।
वही आपाधापी।

ये कैसे संताप में हूँ मैं!
जैसे कि धमनियों में
रक्त नहीं पानी हो,
नेत्र रक्तरंजित हों,
उनमें पानी न हो....!

ये कैसी वादा-निवाही तेरे संग!
कि तू उस पार,
मैं इस पार!
सदा के लिए,
सर्वदा के लिए...!!

पतझड़

अबकी बार प्रचंड पतझड़!
टूट गये सब पत्ते डाली से,
सूखे अनसूखे सब पत्ते।
पेड़ मूढ़ खड़ा रहा,
पत्तों के लौट आने की प्रतीक्षा में।
प्रतिक्षारत आ गया वो भी दिन!
पेड़ों पर देखो,
पुनः पत्ते आच्छादित हो गए हैं।
विस्मृति में है ठूठा पेड़!
जैसे कभी कुछ हुआ ही न हो।
इसी पतझड़!
इसी प्रचंड पतझड़!
तुम भी टूट गए, अनसूखे!
संसार की डाली से।
पर तुम्हारा संसार अभी भी,
मूढ़ खड़ा है।
तुम्हारे लौट आने की प्रतीक्षा में।

विडंबना देखो,
न तुम आते हो, न विस्मृति!
काश! कि पत्तों के नियम,
मनुष्य पर भी होते।

आह!

मैं समझती रही कि,
कोई दिल के किसी,
कोने में भी मौजूद हो,
तो वो है।
उसके न होने की,
कोई सूरत ही नहीं।
पर सच यही,
कि तू नहीं है।
कहीं भी नहीं!
फिर भी हर साँस तुझको,
अनवरत जी रही हूँ मैं।

हिसाब

नींद भी आती है अब यूँ, ख्वाब का जामा पहन,
ऐसा लगता है मुझे, मैं रात भर सोया नहीं।

दिल में कितनी ही वजह हैं, क्या कहूँ! कैसे कहूँ?
हो गई हैं मुद्दतें, मैं आँख से रोया नहीं।

छेड़ देते बेखबर वो, ज़ीस्त के घावों को यूँ,
और कहते हैं 'मेरी जाँ', मैंने तो टोया नहीं।

क्यों न हो वीराना आलम, क्यों मरुस्थल न बने?
काटने वाले ने जब, फसल-ए-करम बोया नहीं।

माँग लूँगा एक ही दिन, सारे ज़ुल्मों के हिसाब,
मुझको भी जल्दी, किसी भी बात की गोया नहीं।

रोष

ईश्वरीय व्यवस्था और
सामंतवादी व्यवस्था में,
कुछ अंतर है क्या?
सामंत हमेशा सुनिश्चित करते,
कि मजदूरों और किसानों में,
उनका दर्प खत्म न हो जाए,
दंड का भय बना रहे!
पूजा होती रहे,
दुर्दशा बनी रहे...!!

कत्थई पर्ण

नीम के डाली पर फूल लगे हैं।
आम का छोटा पेड़,
अम्बियों से लद गया है।
हरे-हरे पत्तों में,
नए पल्लव, कुछ कत्थई रंग वाले,
देखे हैं मैंने।
उन्हीं में से एक पर्ण,
कहीं तुम तो नहीं?
सूर्य का प्रकाश चरम पर है।
जला देने वाला।
अंतःज्वाला किंतु उससे भी प्रखर।
मन के अंधेरों तक प्रकाश की,
कोई किरण नहीं जाती।
ये अंधकार तुम्हारी स्मृतियों का है,
जो प्रकाश के हाथों से बहुत दूर है।
पर तुम तो प्रकाश थे!
फिर तुम्हारी स्मृतियाँ,
अंधकार क्यों हैं?

खंड 6: आईने का सच

भाव: आत्मस्वीकृति | रंग: सफेद | 9 नीलमणियाँ

आत्मदर्शन के नौ आईने

आम इंसान

एक दिन एकांत में बैठी,
लगी ये सोचने, मैं अकिंचन सी,
बड़ी ही अशांत सी।

कि कौन हूँ और क्या हूँ "मैं"?
है मेरा अस्तित्व क्या?
प्रारब्ध क्या है?
और क्या नियति मेरी?

किस लिये सँसार में हूँ?
क्यों गया है रचा मुझे?
क्यों यहाँ (सँसार) लाई गई?

इस "मैं" के दुर्लभ प्रश्न का,
उत्तर किसी को न मिल सका।
खोजते तो सब हैं "मैं" को,
'मैं' किसी को न मिल सका।

अस्तित्व की ये खोज,
कि "मैं" कौन हूँ?
कोई नहीं ये जान पाया।

हों कोई साधु, गुणी हों,
हों महात्मा, या मुनि हों,
एक "मैं" के प्रश्न ने,
इन सभी को भी नचाया।

और इस व्यापक, प्रश्न का उत्तर,
मुझे बस ये मिला है कि;

अनेक गुण-दुर्गुण सुसज्जित,
तुक्ष सा कोई जीव 'मैं'।
'हम-अहम' के बीच के,
समतुल्यता का नीव "मैं"।

जीत लूँ जो "मैं" से 'मैं' को,
तो व्यक्तित्व कोई 'महान' हूँ।

और अगर ना जीत पाऊँ,
तो 'आम' एक इंसान हूँ।

मैं आम एक इंसान हूँ।

मृग-तृष्णा

मनुष्य जीवन किसी 'मृग-तृष्णा' से कम नहीं।
जीवन पर्यंत मनुष्य किसी न किसी,
मृग-तृष्णा के पीछे भागता रहता है।
और निराश होता है,
उन चीज़ों को न पाकर,
जिन के लिए वो वर्षों तप करता है।
बार-बार निराशा मिलने पर भी,
वह नया आकर्षण ढूँढ ही लेता है।
फिर उसी नए आकर्षण के पीछे,
कुछ और वर्ष गँवाता है।

ये मृग-तृष्णाओं के पीछे बीते वर्ष,
उसकी किसी पूँजी से कम नहीं होते।
हर हार और जीत उसे एक नया,
अनुभव दे कर जाते है।
उन्हीं अहलादित व अवसादित,
अनुभवों का लिखित पिटारा ही,
ग्रंथ, उपन्यास, साहित्य हो जाता है।

किन्तु हर व्यक्ति लेखक तो नहीं होता।
कुछ लिख जाते हैं इस मरुभूमि में,
भटकते रहने की कहानी,
अधिकांश अपने भीतर ही समेटे,
ले जाते हैं अपनी कहानी।
अपनी मृग-तृष्णाओं में भटकने की कहानी।

कुछ बुद्धिजीवि कहते हैं,
क्यों भटकते हो?
ईश्वर में लगो,
ईश्वर में रमो।
पर 'ईश्वर' भी किसी 'मृग-तृष्णा' से कम नहीं।

परिधि

नया समय,
नई हवा।
कुछ नैतिक नहीं।
कुछ अनैतिक नहीं।
तू स्वच्छन्द!
मैं स्वच्छन्द!
किन्तु,
परिभाषाओं की परिधि से
बाहर निकलती ज़िंदगी;
पुनः लौटती है अपने,
अस्तित्व के मूल,
परिभाषा की खोज में।

आत्म-साधना

'आत्म-साधना'

"आत्म-शांति" के

पथ का **पहला पग।**

'आत्म-शान्ति' का **उद्वेग,**

साधना में **आहुति।**

उद्वेग एक **असीम पीड़ा।**

बेकल हृदय,

बेकल मन....!!

अभावग्रस्त

परित्यक्त को,
पुनः अपनाने हेतु चाहिए,
उदार हृदय और
महान व्यक्तित्व!
जो ऐसा कर पाए,
वो कौन थे?
उदार, महान या
'**अभावग्रस्त**'!!

ब्रह्म मेरा!

खोज में अंत की थाह नहीं!

हे केतकी!

मेरे असत्य की साक्षी न होना।

क्योंकि,

"अनंत के अंत"

"अथाह की थाह"

की खोज में है

"ब्रह्म" मेरा!

विचार

वृहद और विस्तृत **"विचार"** को
कितना समय लगता है आने में;
कितनी प्रतीक्षा रहती है।
कितनी रातें जगतीं हैं।
कई करवट टूट जाते हैं।

कितने मीलों की चहलकदमी पर भी,
रास्ता खत्म नहीं होता।
अचानक एक सुबह,
अनायास मन के रोशनदान पर,
टिमटिमाने लगता है वह **"विचार"**!
आह! अफसोस कि हाथ छूने से पूर्व,
फिर **"एक सोच"**
"विचार" पर हावी हो जाता है।

एकाकीपन

रात, एकाकीपन है।
दिन, संग, प्रेम का!
मनःस्थिति भोर है;
या कि गोधूलि बेला!
निहित है इसमे कि,
अंधकार पर रोशनी प्रबल है;
या कि प्रखर है तम रात का।
किन्तु, ये मनःस्थिति बदलेगी।
अवश्य ही बदलेगी।
कभी तो एकाकीपन पर,
प्रेम हावी होगा।

मन दर्पण

मन पर जैसी छाया डाली,
सारी दुनियाँ वैसी देखी।

पर्वत की ओछाई देखी,
सिंधु की छिछलाई देखी।
पत्तों का झड़ जाना देखा,
तिनकों का तर जाना देखा।

कभी आँधियों से टकराकर,
पेड़ों का गिर जाना देखा।
कहीं समूचे बंजर में भी,
झाड़ों का उग जाना देखा।

भूख से सूखे साये देखे,
बीमारी लाचारी देखी।
कहीं विरागी जीवन देखे,
कहीं पे माया सारी देखी।

घाव बड़े ही गहरे देखे,
रंग बदलते चेहरे देखे।
रंगे सियारो की बस्ती में,
काग के पँख सुनहरे देखे।

इंसानों में पत्थर देखे.
पत्थर में छवि प्यारी देखी।
कहीं प्रेमवश लूटते देखे,
कहीं पे दुनियादारी देखी।

मन पर जैसी छाया डाली,
सारी दुनियाँ वैसी देखी।

खंड 7: अंकुर का वादा

भाव: निरंतरता | रंग: हरा | 9 नीलमणियाँ

निरंतरता के नौ अंकुर

गन्तव्य तक!

नासिका तुम स्वाँस की,
गठरी को भर लो आज ही।
और **कदम** तुम तोड़ दो,
आलस्य के जंजीर सब।

धमनियों तुम रक्त में,
उत्तेजना भर दो मेरे,
और **भुजाओं** तुम मेरा,
नोदन करो गन्तव्य तक!

आँधियो तुम खोल दो,
अपनी शिराएँ मुझे पे ही।
हे वरुण! तुम हाँक दो,
सारे प्रभंजन इस तरफ़।

मैं नियति से पूर्व,
मर सकता नहीं।
किंतु मेरा हारना,
भारी है मेरे प्राणों पर।

मैं तुम्हारे भय को पीछे,
छोड़ आया हूँ कहीं।
है उचित कि, तुम मेरा,
पीछा करो गन्तव्य तक!

मेरे पथ के कंटकों और पत्थरों जागो ज़रा।
क्योंकि तुमको रौंदने को मेरे पग हैं बढ़ चले।
होंगे छलनी पग-कमल ये जानता हूँ,
हूँ सबल मैं, किंतु आपने ध्येय से।

मन कभी का जा चुका है उस जगह,
देह को है शेष,
पहुँचाना अभी गन्तव्य तक।

संभावना

कदम चलायमान हैं।
रुक नहीं सकते,
पीछे मुड़ नहीं सकते।
रुके तो शिथिल हो जाएंगे,
वज्र के समान हो जाएंगे।
चले तो पथ भ्रष्ट भी हो सकते हैं!
महत्वपूर्ण क्या है?
महत्वपूर्ण ये है कि,
संभावना कितनी है!!

परिवर्तन

दुख की कोई शाम हो या,
ख़ुशियों के दिन-दोपहरी हो।
इनके चमक-अंधेरों में,
इससे पहले की घुल जाऊँ।
एक साँस ही में जी लूँ इनको,
बेहतर है चलते जाऊँ।

यह मिलन नया प्रारंभ लिए,
नव सृजन विछोह का करता है।
इस प्रणय-विछोह के असमंजस,
में कहीं जीर्ण मनुज न हो जाऊँ!
असमंजस की गठरी लेकर,
बेहतर है चलते जाऊँ।

इस जीवन के कुरुक्षेत्र में मैं,
नित नए समर को जाता हूँ।
मैं अस्त्र मनोबल का लेकर,
पौरुष की लाज बचाता हूँ।

भय व्यापक नियति प्रहारों से,
किंचित आहत न हो जाऊँ।
बेहतर है लड़ते जाऊँ।
बेहतर है चलते जाऊँ।

बस प्रेम सुधा का पान करूँ।
और अश्रु का गुणगान करूँ।
मैं प्रेम कवि बहता जल हूँ,
फिर कैसे इस तट रुक जाऊँ?

नूतन काव्य सृजन हेतु,
बेहतर है चलते जाऊँ।

विदाई

तुम चले तो कष्ट पाया,
जाओ तुम पाओ खुशी।
गंध को किसने है बाँधा!
कोई बाँध सकता है कहीं?

रौशनी को ओट दे,
कोई ढांप सकता है कहीं?
प्रेम की तरुणिम लहर,
कोई साध सकता है कहीं?

तुम कुमुद में इत्र जैसे,
तुम पे कुछ बंधन नहीं।
जैसे महके हो यहाँ पर,
फिर से महकोगे कहीं।

तुम! पूर्णिमा के चंद्रमा सम!
तुम पे कुछ अंजन नहीं।
जैसे चमके हो यहाँ पर,
फिर से चमकोगे कहीं।

तुम धरा की उर्वरा से,
जिसका कुछ भंजन नहीं।
इस जगह ज्यों लहलहाऐ,
फिर से उपजोगे कहीं।

ये बिछड़ना; ये विदाई,
बाहरी परिदृष्य है।
'प्रीति' शाश्वत है हृदय में,
चाहे तुम जाओ कहीं।

और अगर हम याद आएँ,
मन वचन जब लड़खड़ाऐं।
अश्रु की लड़ियाँ बनाकर,
मोतियाँ जब रुक न पाएँ,
याद रखना, एक दिन,
हम मिलेंगे फिर कहीं।
हम मिलेंगे फिर कहीं...!

समर

ये शहर चलता रहेगा।
ये सफर चलता रहेगा।
द्वंद भीतर हो की बाहर,
ये समर चलता रहेगा।

कौन कितना है सही,
और कौन कितना है गलत!
सही गलत के फैसले पर,
ये बहस चलता रहेगा।

आपदयाएं घोर होंगी,
आएंगे कितने प्रलय।
शक्तियाँ विध्वंस होंगी,
गर नहीं होंगी विलय।

सोने वालों को जगा दो!
आ गया है वो समय।
चेतना जागी नहीं तो,
ये प्रलय चलता रहेगा।

चाहने वाले सुनें,
कहती है 'प्रीति' भी कटु,
बीज में गर विष भरा हो,
तो गरल फलता रहेगा।
रोकने वाला न होगा,
ये समर चलता रहेगा।

अमिट प्यास

जी भर जिया हो या,
घट भर पिया हो;
फिर भी अमिट सी,
कोई प्यास जीवन।

मरण अँधकारों का,
सूना शहर है।
तारों से झिलमिल,
सजी रात जीवन।

चित्कार पे वार,
किलकारियों की।
हुई राख ठंडी,
चिनगारियों की।

नेत्रों के अश्रु पे,
छाती की करुणा!
मृत्यु की रूदन पे,
एक हास जीवन।

संपूर्ण या पर्याप्त

एक चुटकी हींग,
अपूर्ण लेकिन पर्याप्त।

एक बूँद पानी,
पूर्ण किन्तु अपर्याप्त।

अरसों में अपूर्ण,
बरसों में पर्याप्त।

अरसों की तपस्या,
बरसों में समाप्त।

लघु सही, विस्तृत सही।
अपर्याप्त नहीं!!नहीं!!

परिपूर्ण हो जो आप में,
संपूर्ण है वही जिंदगी।

एक मूल

आरंभ का अंत,
अंत का प्रारंभ!

मूकता के शब्द,
शब्दों की चुप्पी!

गर्जना में शून्यता,
शून्यता का घोर गर्जन!

सम्पूर्णतः भिन्न-भिन्न,
पूर्णतः मूल एक...!!

स्वप्न देखते चलो

रात घोर काली है,
कठोर कष्ट वाली है।
यही समय है धीर तुम,
स्वप्न देखते चलो!

ये मन तुम्हें अनंत सीमा,
पार ले के जाएगा।
ये जान लो कि रास्तों,
में विघ्न कुछ न आएगा।

वो कर सकोगे जो भी,
तुम न कर सके हो चेतना में।
बल सभी प्रयुक्त होंगे,
जो मिले हों प्रेरणा में।

प्रकाश भी सदा नहीं,
तो तम की क्या बिसात है!
देर तक न टिक सकेगा,
ये जो अब की बात है।

प्रकाश के प्रतीक्षारत,
विकल न हो, विकल न हो।
यही समय है धीर तुम
स्वप्न देखते चलो!

('नीलाभ' प्रारंभ से अंत तक का सत्य है...)

श्रद्धांजलि

(नीलकमल)

"पुष्कर झा" मेरे बड़े "भाई", मेरे सबसे मुखर समर्थक जिसने मेरे छोटे-छोटे पहल की भी प्रशंसा की। जिसने जीवन के चुनौतियों एवं संघर्षों का एक योद्धा की भाँति सामना किया। जिसने अपने सहोदरों के लिए अनुसरणीय मार्ग बनाया; किन्तु "ब्रैन कैंसर" के हाथों सबसे महत्वपूर्ण युद्ध "जीवन" हार बैठा। उसकी स्मृतियों के अंश मेरी कविताओं में शेष हैं!

"नीलकमल", "नीला-आकाश",
"नीलकंठ" में लीन हुए।
पृथ्वी ये संकीर्ण हुई,
"पुष्कर" तुम विस्तीर्ण हुए।

लेखक का परिचय

प्रीति झा पेशे से एक बैंकर और मन से कवयित्री होने के साथ ही एक "प्राउड आर्मी वाइफ" हैं। ट्रांसफरेबल सेवा के चलते उनका जीवन कई भौगोलिक और सांस्कृतिक पड़ावों से गुज़रा है, जिसका प्रभाव उनके लेखन में स्पष्ट दिखता है। उनका पहला काव्य-संग्रह 'नीलाभ: सतह से व्योम तक" नीले रंग पर फैले प्राकृतिक संवेदनाओं की यात्रा है – बचपन की मासूमियत से लेकर 'अंकुर के वादे' तक। इस संग्रह की खूबी इसका शैलीगत वैविध्य है: यहाँ कविता/काव्य -ग़ज़ल की छांदस अनुशासन भी है और मुक्तक की बेबाक उड़ान भी। प्रीति झा मानती हैं कि कविता, उनकी नौकरी की तरह, किसी एक राज्य की सीमा में नहीं बँधती।

वर्तमान में वह पंजाब नेशनल बैंक वरिष्ठ प्रबंधक के पद पर कार्यरत हैं।

www.ingramcontent.com/pod-product-compliance
Lightning Source LLC
LaVergne TN
LVHW100313210926
848480LV00003B/1107